Staatliche Preisfestsetzung

Ein Beitrag zur Kriegs-Preispolitik

Von

Kurt Wiedenfeld

A·M·&·E·W·

1918

A. Marcus & E. Webers Verlag (Dr. jur. Albert Ahn) in Bonn

G.C.

Otto Wigand'sche Buchdruckerei G. m. b. H., Leipzig

Inhaltsverzeichnis.

Vorbemerkung.

Über die Gründe, die zu den starken Preissteigerungen im Kriege geführt haben, sind ebenso wie über die Grenzen, die allen amtlichen Preisfestsetzungen aus der Natur der wirtschaftlichen Erscheinungen gezogen sind, in der Öffentlichkeit mannigfache Unklarheiten verbreitet. Namentlich wird bei uns in Deutschland die Rolle meistens unterschätzt, welche die Geldverhältnisse in der Preisentwicklung spielen. Und andererseits wird regelmäßig die Möglichkeit überschätzt, durch genaue Berechnung der Selbstkosten zu einer festen Unterlage der Preisfestsetzungen zu gelangen. Daraus ergeben sich dann Folgerungen, die für die Durchführung der Produktionsaufgaben, für das Vertrauen unserer Bevölkerung zu den staatlichen Behörden und für unser ganzes Sozialleben von gleich übler Wirkung sein müssen. Ihnen entgegenzutreten, erscheint es mir an der Zeit.

Universität Halle,
den 24. Juli 1918.

K. Wiedenfeld.

1. Um mit einer Begriffsbestimmung zu beginnen, die wohl eine Selbstverständlichkeit genannt werden darf und doch nur allzu oft außer acht gelassen wird:

Ein Preis ist der in Geld ausgedrückte
Tauschwert einer Ware.

Geld und Ware werden also im Preise zueinander in Beziehung gesetzt, und von beiden Komponenten wird der Preis in seiner Höhe bestimmt. Das heißt: das Auf und Ab der Preise hängt einerseits von den Verhältnissen ab, welche den Geldwert bestimmen, und andererseits von den Verhältnissen des Marktes der betreffenden Ware.

Während aber das eine, die Bewegung auf dem Gütermarkte, uns so geläufig geworden ist, daß es sich zu der inhaltlosen Redensart von der „Preisbestimmung nach Angebot und Nachfrage" verflacht hat, pflegen wir dem Markt der Zahlungsmittel kaum irgendwelche Aufmerksamkeit zu widmen. Die allgemeine Benennung der Preise in Geld läßt regelmäßig übersehen, daß die Geldeinheit denn doch nicht — wie etwa die Maßeinheiten für Länge oder Gewicht — eine feststehende, abstrakte Größe bedeutet, vielmehr selbst in ein schwankendes Verhältnis von „Angebot und Nachfrage" gestellt ist. Die weitgehende Gleichmäßigkeit, die unter normalen Umständen auf dem Markte der Geldmittel tatsächlich besteht, stützt die Gewohnheit, im Gelde den absoluten Maßstab der Waren- und Leistungswerte zu erblicken.

Und doch hat der Krieg nach beiden Seiten hin — bei den Zahlungsmitteln ebenso, wie bei den Gütern — so grundlegende Verschiebungen herbeigeführt, daß jede Betrachtung der Kriegspreise und der Kriegspreispolitik alle beiden Komponenten in Rechnung zu stellen hat. Es geht nicht an, nur nach den Bedingungen des Güteraustauschs zu fragen; auch die völlige Veränderung des Zahlungsmittel-Marktes ist der Preisbeurteilung zugrunde zu legen.

I.

Der Markt der Zahlungsmittel.

2. Im Frieden stand der Geldumlauf in engstem Zusammenhang mit dem Umsatzbedürfnis der Güter-Erzeugung. Zwar wurde eine gewisse Menge von Zahlungsmitteln (Münzen, Reichskassenscheine, Banknoten, Giroguthaben bei den Notenbanken) stets und ohne Rücksicht auf das jeweils bestehende Tempo der wirtschaftlichen Entwicklung in der Bevölkerung benutzt; ein nicht unerhebliches Minimum an Umlaufsmitteln ist zu jeder Zeit in jeder auf Güter- und Leistungs-Tausch eingestellten Wirtschaft unbedingt notwendig. Aber die Vermehrung dieser Menge durch die Ausgabe von Banknoten und durch die Steigerung der Giroguthaben stand ebenso wie die Einziehung der Noten und Guthaben unter dem entscheidenden Einflusse desjenigen Geldbedarfs, welcher durch die Zunahme oder Verminderung der Güter-Erzeugung bewirkt wurde, nicht unter der Initiative des Güter-Verbrauchs.

Bei den Banknoten wurde dieser Zusammenhang dadurch hergestellt, daß der nicht in bar gedeckte Betrag durch Wechsel zu decken war, und zwar durch solche Wechsel, die mindestens zwei, in der Regel aber drei Unterschriften tragen und nicht mehr als drei Monate Umlaufszeit haben. Durch diese Vorschrift ist die Notenausgabe zunächst einmal auf die Befriedigung des kurzfristigen Kredits im Grundsatz beschränkt worden, und tatsächlich hat die Reichsbank unter dem „System Havenstein“ durch die strenge Einschränkung der Prolongationen dafür gesorgt, daß wirklich nur Umlaufskredit, nicht langfristiger Anlagekredit durch ihre Wechselankäufe befriedigt wurde. Ferner trägt das Wechseldiskontogeschäft, welches dank jener Vorschrift der Hauptträger der Notenausgabe war, die Sicherheit in sich, daß der Empfänger der Noten als Wechselschuldner, sobald er bei Verfall des Wechsels diesen einzulösen hat, einen entsprechenden Notenbetrag an die Reichsbank zurückliefert; Ausgang und Eingang der Noten standen also in organischem, streng zwangsläufigem Zusammenhang miteinander. Und da der Wechselschuldner aus dem Warengeschäft, bei dem er die in Wechselform gebrachte Schuld auf sich nimmt, zugleich in den Besitz der Ware kommt und sie weiterverkaufen kann, so ist auch bei ihm der Rundlauf der Noten gesichert: er zahlt mit den Noten seinen Verkäufer aus und erhält durch den Weiterverkauf der Ware den Gegenwert seiner Schuld wiederum in die Hand. Die Forderung der drei Unterschriften endlich hat gerade darin ihre Bedeutung, daß Wechsel solcher Art in aller Regel aus dem produktiven Güterumlauf stammen, während der Konsumtiv-Kredit allenfalls des Sola-Wechsels, nicht aber des gezogenen Wechsels sich bedient.

Für die Deckung der Giroguthaben besteht zwar eine solche Vorschrift nicht. Aber tatsächlich hat die Reichsbank namentlich in den letzten Jahren streng darauf gehalten, daß auch die Girokunden ihren Kredit nur für produktive Umlaufzwecke, nicht für Anlage-Kredit und erst recht nicht für Konsumtiv-Kredit in Anspruch nahmen. Sie ließ zu ihrem Giroverkehr überhaupt nur zu, wer volkswirtschaftlich zur Benutzung solcher Einrichtungen berechtigt erscheint, und gewährte Giro-Kredit tatsächlich auch nur gegen bankmäßige Deckung. Die Straffung aller internen Verwaltungsvorschriften über die Kreditgewährung und das rücksichtslose Drängen auf Liquidität der mit ihr arbeitenden Privatbanken, wie sie das System Havenstein im Gegensatz zur früheren Verwaltung der Reichsbank charakterisieren, hatte gerade die Betonung des produktiven Umlaufkredits und die Ausschaltung alles langfristigen Anlage- und alles Konsumtiv-Kredits zum eigentlichen Ziel.

So wurden also neue Zahlungsmittel nur geschaffen, wenn Güter-Erzeugung und Großhandel ihrer bedurften, um die bereits erzeugte Ware in Umlauf zu bringen. Ein Auseinanderfallen von Rohstoffvorräten und Arbeitskräften einerseits, Zahlungsmitteln andererseits war in aller Regel ausgeschlossen. Automatisch mußte der Zahlungsmittel-Vorrat mit zunehmender Gütererzeugung sich heben und mit rückgehendem Güter-Vorrat sich wiederum vermindern. Zahlungsmittel-Angebot und Zahlungsmittel-Nachfrage wurden unmittelbar vom Güterverkehr her bestimmt. Der Geldwert blieb im Gleichgewicht.

3. Der Krieg hat diese Zusammenhänge völlig gelöst.

Allerdings sind die Vorschriften unseres Bankgesetzes über die Notendeckung formell in Kraft geblieben. Aber sie haben dadurch einen wesentlich anderen Inhalt erhalten, daß die Reichsbank ermächtigt worden ist, zur Notendeckung solche Wechsel zu benutzen, aus denen lediglich das Reich ihr Schuldner wird; Schatzanweisungen sind außerdem daneben getreten. Das Reich nimmt aber die Noten nicht, indem es gleichzeitig die von ihm produzierten oder von ihm angekauften Güter in Umlauf bringt;

es bezahlt damit vielmehr im wesentlichen jene Schulden, die ihm aus Kriegslieferungen und aus allen möglichen Zahlungsverpflichtungen persönlicher Art (Gehälter, Soldatensold, Kriegsunterstützungen usw.) erwachsen. Es bezahlt also nicht Güter, die es selbst durch Verkauf wieder zu Geld machen will. Seine Befähigung zur Wechseleinlösung hängt vielmehr vom Eingang der Steuern und sonstiger, mit dem Wechselgeschäft in gar keinem Zusammenhang stehender Einkünfte ab und hat auf die Höhe der Wechsel-Begebung, damit auf die Höhe der Notenausgabe und Giroguthaben nicht den leisesten Einfluß. Der Noten-Rundlauf ist also nur noch formell gegeben. Die materielle Unterlage ist beseitigt. Es ist ein reiner Konsumtiv-Kredit, den die Reichsbank jetzt dem Reiche gegenüber zu befriedigen hat.

Für die Vermehrung der Zahlungsmittel (Banknoten und Giroguthaben) ist damit jene Höhenbegrenzung entfallen, die sich im Frieden aus den Umlaufsbedürfnissen der Güter-Erzeugung ergab. Die Initiative der Notenausgabe ist in den Verbrauch der Leistungen und Güter hinübergelegt, und dieser wird von den Notwendigkeiten der Kriegführung, nicht aber von eigentlich wirtschaftlichen Vorgängen bestimmt. Auch von den zweiten Empfängern der Noten, den Gläubigern des Reichs aus Kriegslieferungen und persönlichen Leistungen, ist ein sehr großer Teil nicht in der Lage, die von ihm empfangenen Zahlungen seinerseits produktiv zu verwerten. Die Heeresangehörigen und ein großer Teil der Unterstützungsberechtigten sind ja aus ihrer Friedensarbeit herausgerissen und nur noch als Konsumenten in der Volkswirtschaft zu buchen. In den Preisen für Kriegslieferungen stecken große Beträge für Rohstoffe, die im Kriege nicht wieder beschafft werden können, deren Entgelt also einstweilen „auf die hohe Kante" zu legen ist. In viel größerem Umfange als im Frieden muß also die Note den Umweg über reine Konsumtiv-Kreise machen, um in den Produktionsprozeß einzulaufen; und auch dann führt sie nicht zur Reichsbank oder zum Reich zurück, da wir ja die Kriegsausgaben nicht durch laufende Kriegseinnahmen, sondern durch langfristige Kredite decken. Es ist dem Zufall überlassen, inwieweit die Besitzer von Noten und Giroguthaben später Kriegsanleihe zeichnen und dadurch den Rücklauf der Noten, die Abtragung der Guthaben bewirken; die Höhe der Kriegsausgaben und die Höhe der Anleihen sind nicht aufeinander abgestimmt.

Dazu kommt, daß die Ausgabe der — erst im Kriege geschaffenen — Darlehnskassenscheine im wirtschaftlichen Effekt eine Mobilisierung von Vermögensbestandteilen bedeutet. Fest angelegte Kapitalien und sonstiger Besitz werden auf diesem Wege zu Geld gemacht. Keinerlei organisch-notwendiger Zusammenhang besteht, daß diese Darlehnskassenscheine wiederum zur Ausgabestelle zurückgelangen.

So wird also im Kriege der Zahlungsmittel-Vorrat gewiß nicht vermehrt, ohne daß ein Bedarf nach Zahlungsmitteln auftritt. Aber dieser Bedarf ist großenteils nur einmalig — wenn das Reich seine Zahlungsverpflichtungen erfüllt — und dem volkswirtschaftlichen Rundlauf der Güter und Leistungen entrückt. Der Zahlungsmittel-Vorrat wird also nicht in Einklang mit dem volkswirtschaftlichen Dauerbedarf gehalten. Immer neue Zahlungsmittel werden in den Verkehr hineingepumpt, ohne daß sie wieder herausgelangen können. Das Gleichgewicht des Geldwertes wird gestört, das Geld entwertet.

Wie gewaltig die Zunahme der Umlaufsmittel gewesen ist, zeigt die folgende Gegenüberstellung: es betrug in Millionen Mark

der Betrag an	am 31. Dezember 1913	1917
umlaufenden Reichsbanknoten	2 593,4	11 467,7
Reichskassen- und Darlehnskassenscheinen . .	148,8	6 614,2
umlaufenden Noten der Privat-Notenbanken .	159,8	163,2
Giro-Guthaben und sonstigen fremden Geldern bei den Notenbanken	844,3	8 176,9
zusammen	3 746,3	26 422,0
dagegen der Metallbestand der Notenbanken .	1 520,4	2 654,7
die Gesamtsumme der erfaßbaren Umlaufsmittel *)	2 225,9	23 767,3

Hiervon ist ein Teil allerdings noch abzuziehen, weil überall in den von uns besetzt gehaltenen Gebieten deutsche Noten umlaufen. Aber im Verhältnis zur gesamten Menge der Umlaufsmittel sind dies schwerlich erhebliche Beträge, zumal wir überall draußen besondere Noten geschaffen haben und darauf halten, daß diese in erster Linie benutzt werden. Bei weitem das meiste der Zunahme fällt also auf das Heimatgebiet.

Die Preiswirkung dieser Umlaufsmittel-Zunahme auf einen ziffernmäßigen Ausdruck zu bringen, ist nicht möglich. Wir haben keinen Maßstab, an dem wir objektiv den Wert des Geldes zu messen vermögen; und völlig falsch wäre es, aus der Verzehnfachung, wie sie rund bei den Zahlungsmitteln eingetreten ist, etwa schließen zu wollen, daß unsere Geldeinheit nur noch den zehnten Teil ihres früheren Wertes besitze. Ebenso hat der Stand unsrer Wechselkurse, unsrer Valuta, nichts mit dieser Vermehrung der Geldmittel zu tun, und auch seine Verschlechterung gibt uns keinen Anhalt zur Bemessung der im Inland eingetretenen Geldentwertung. Sicher ist nur, daß ein gut Teil der kriegsmäßigen Steigerungen der Warenpreise auf diese Geldentwertung zurückzuführen ist.

*) Das sogen. Notgeld einzelner Städte ist unberücksichtigt geblieben, da es im ganzen nur einen sehr geringen Betrag erreicht hat und schon größtenteils aus dem Verkehr gezogen ist.

II.

Die Warenmärkte.

Auf der Seite der Warenmärkte sind die Verschiebungen nicht geringer.

4. Der Bedarf hat sich natürlich mit elementarer Wucht auf das Kriegsgerät geworfen. Gewaltige Mengen von Rohstoffen aller Art und von Arbeitskräften, die früher anderen Zwecken dienten, wurden in zunehmendem Maße hierfür in Anspruch genommen. Fast von Beginn des Krieges an erwies sich außerdem die Errichtung von neuen Produktionsanlagen (ganzen Fabriken, Maschinen usw.) als notwendig. Es gibt daher kaum einen Stoff, der nicht vom Kriegsbedarf beansprucht wird.

Gegenüber dem Zivilbedarf hat dieser Kriegsbedarf zwei Eigentümlichkeiten, die für die Preisbildung von besonderer Bedeutung sind. Einmal nämlich ist er in so hohem Grade dringlich, daß für seine Befriedigung die Preishöhe überhaupt keine Rolle spielt. Und zweitens ist die Zahlungskraft der Bedarfsträger, in letzter Linie des Reichs, dank der Neugestaltung der Geldverhältnisse völlig unbegrenzt; das Wort Montecuculis, daß zum Kriegführen Geld und Geld und nochmals Geld gehöre, hat seine Berechtigung verloren, seitdem man zur Herstellung von

Geldzeichen nichts anderes als einige Kupferplatten und Papier braucht. Auch von dieser Seite werden daher der Preissteigerung keine Grenzen gezogen.

Der Einfluß des Kriegsbedarfs ist namentlich seit dem Herbst 1916 für unsere gesamte Volkswirtschaft der entscheidende Preiseinfluß geworden. Das sogenannte Hindenburg-Programm stellt fast restlos unsere Güter-Erzeugung in den Dienst des Krieges und greift um so weiter aus, als gerade die Erfüllung der neuen Ansprüche eine gewaltige Vermehrung und Erweiterung aller Produktionsanlagen erforderlich gemacht hat. Was unsere Volkswirtschaft irgend hergeben kann, wird aus ihr herausgeholt. Die Anforderungen gehen nach Maß und Tempo sogar der Leistungsfähigkeit voran. Die Güterproduzenten, namentlich als Rohstoff-Besitzer, sind daher in die Stellung von Monopolisten gekommen.

5. Zu diesem Heeresbedarf tritt in gewissem Umfang der Zivilbedarf hinzu. Dieser ist allerdings — ganz ohne Rücksicht auf Preishöhe und gesetzliche Rationierung — allein aus den tatsächlichen Kriegsverhältnissen heraus in mannigfachen Richtungen gegenüber der Friedenszeit verringert worden. Die große Masse der Heeresangehörigen, die vom Reiche ernährt und gekleidet werden, fällt mit diesen Elementarbedürfnissen beinahe ganz aus. Auch die Angehörigen haben zu großem Teil ihre alten Bedürfnisse nach Menge und Art nicht beibehalten; namentlich der Wohnungsbedarf ist durch die Verringerung der Kopfzahl der Familien eingeschränkt worden.

Aber völlig ist der Zivilbedarf natürlich nicht beseitigt. Die heimische Bevölkerung will auch im Kriege sich kleiden und wohnen, und auch die gehobenen Bedürfnisse der großen Masse, an welche diese in der Friedenszeit sich völlig gewöhnt hatte, sind natürlich im Kriege nicht einfach verschwunden. Der ausgeprägte Luxusbedarf darf wohl sogar allem Anschein nach als beträchtlich gesteigert bezeichnet werden; es sind ganze Schichten unserer Bevölkerung in ihrem Einkommen so gehoben worden, daß sie beträchtlichen Luxus sich leisten können.

Die Bedeutung des Zivilbedarfs für die Preisbildung tritt jedoch weit hinter der des Kriegsbedarfs zurück. Er ist weder in so hohem Grade dringlich, daß er ohne jede Rücksicht auf den Preis befriedigt werden muß; noch steht ihm eine unbegrenzte Zahlungsfähigkeit der Bedürfenden gegenüber. Bei ihm handelt es sich also mehr um die Frage, inwieweit die Kauflustigen fähig sind, die vom Kriegsbedarf her bestimmten Preise zu zahlen, als daß von ihm ein Einfluß zu weiterer Preissteigerung ausgehen könnte.

6. Andererseits ist das Güter-Angebot in der ganzen Breite des volkswirtschaftlichen Lebens gegenüber dem Frieden erheblich verringert worden.

Es fehlen uns bekanntlich die riesigen Massen von Nahrungs- und Futtermitteln, Rohstoffen und Halbfabrikaten, die wir im Frieden aus dem überseeischen Ausland hereinzuholen pflegten. Was wir aus dem benachbarten Neutralien bekommen, ist nicht erheblich, reicht jedenfalls nicht annähernd aus, die Lücken der überseeischen Einfuhr in irgend nennenswertem Umfang auszufüllen. Das Manko ist um so beträchtlicher, als bei den meisten Rohstoffen das Ausland die einzige Quelle war, aus der wir unsern Bedarf decken konnten; und auch bei jenen Stoffen, die wir im Inland hervorbringen können, trat doch das Ausland regelmäßig unserer eigenen Erzeugung mit weit größeren Mengen zur Seite. Eine Ausfuhr, welche die Einfuhr überstieg, hatten wir nur bei Kohlen sowie Roggen und einigen anderen Nahrungsmitteln, während wir nur in Kali und Zucker überhaupt keine Einfuhr, wohl aber eine beträchtliche Ausfuhr zu verzeichnen hatten. Selbst Verschiebungen in der Rohstoff-Verwendung können daher an der Gesamtlage, daß der Wegfall der Einfuhr ein gewaltiges Loch in unsere Rohstoff-Deckung und damit in unsere ganze Güter-Erzeugung gerissen hat, nichts Wesentliches ändern.

Dies ist um so weniger der Fall, als wir auch die Inlandsgewinnung nur in einigen wenigen Gütern gegenüber der Friedenszeit haben steigern können; und auch da nur in so geringem Umfang, daß die Steigerung gerade knapp ausreicht, den dringendsten Kriegsbedarf zu befriedigen. Zumeist müssen wir uns mit der Tatsache abfinden, daß die Schwierigkeiten der Arbeitergestellung, die geminderte Leistungsfähigkeit der ungeübten und schlechter ernährten Arbeiter, der Frauen und Kinder, sowie die Schwierigkeiten der Transporte die Inlandsproduktion gerade der wichtigsten Massenstoffe hat zurückgehen lassen.

Das Gesamt-Angebot ist demgemäß gewaltig vermindert worden. Es fehlt uns so gut wie vollkommen an Güter-Vorräten, deren Vorhandensein im Frieden preismindernd wirkte. Was überhaupt an Rohstoffen produziert und an Fertigfabrikaten erarbeitet wird, findet glatt seine Abnehmer. Irgendeine Hemmung wird der Preissteigerung von der Menge des Angebots her nicht bereitet.

7. Die Steigerung aller Produktionskosten bedeutet auch noch ein preissteigerndes Element. Dabei sind alle Bestand-

teile der Güter-Erzeugung dauernd und immer weitergreifend der Verteuerung unterworfen; mit Ausnahme natürlich der Bodenrente, deren kriegsmäßige Steigerung erst ein Produkt der kriegsmäßigen Preisentwicklung ist.

In erster Linie sind die Kapitalkosten aufzuführen. Selbst wenn es sich nur um die Ausnutzung solcher Anlagen handelt, welche schon im Frieden bestanden haben, dann bedeutet der geringere Grad dieser Ausnutzung eine ganz wesentliche Erhöhung des auf die Mengeneinheit entfallenden Kostenanteils. Namentlich die Unmöglichkeit, an die großen Hochofen- und Stahl-Werke, wie überhaupt an die Maschinenanlagen aller Industriezweige die zur vollen Ausnutzung erforderlichen Kohlenmengen heranzubringen und die Arbeitskräfte in der gewohnten Menge und Leistungsfähigkeit zu stellen, verteuert in den ersten Stadien der verschiedenen Fabrikationsprozesse den einzelnen Vorgang ganz gewaltig. Kommt dann noch, wie seit dem Herbst 1916 unvermeidlich geworden ist, ein starkes Schwanken in die Kohlenbelieferung und damit, da jede auch nur vorübergehende Produktionsmöglichkeit tatsächlich ausgenutzt werden muß, in die tatsächliche Ausnutzung der verschiedenen Anlagen hinein, so bekommen die Produktionskosten vom „stehenden Kapital" her etwas völlig Unübersichtliches und Unberechenbares, was sich ziffernmäßig nur wiederum als beträchtliche Steigerung der Produktionskosten auswirken muß.

Sogar in den höheren Stadien der Verarbeitung, bei denen der Menge nach der Kohlenverbrauch keine ausschlaggebende Rolle spielt, macht sich doch das Unregelmäßige der Kohlenzuführung in sehr hohem Grade kostensteigernd geltend. Längst sind wir ja dahin gekommen, daß die Kohlenvorräte dieser Werke fast völlig verschwunden sind und man demgemäß von der Hand in den Mund lebt. Vorübergehendes Stillegen einzelner Maschinen und

2*

selbst ganzer Betriebe ist eine tagtägliche Erscheinung in weiten Kreisen unserer Industrie geworden. Von einer vollen Ausnutzung der betriebsfähigen Anlagen ist man überall ziemlich weit entfernt. Die Verzinsung und Tilgung des ursprünglichen Anlagekapitals legt sich daher mit immer größeren Beträgen auf jede einzelne der tatsächlich produzierten Mengen-Einheiten.

Um das Vielfache gesteigert macht sich diese Entwicklung bei jenen Betrieben geltend, die erst im Laufe des Krieges errichtet worden sind; denn hier ist bei den ursprünglichen Anlagekosten die allgemeine Preissteigerung natürlich stark ins Gewicht gefallen. Sogar die Bodenrente spielt hier eine Rolle, da aller Grund und Boden, der zu den Transportmitteln einigermaßen günstig liegt, einen gewissen Seltenheitswert bekommen hat, und da die Verhältnisse der landwirtschaftlichen Produktion bekanntlich ebenfalls eine beträchtliche Wertsteigerung der Grundstücke herbeigeführt haben. Das Aufbauen der Gebäude wird vom Material und von den Löhnen her verteuert. Alle Maschinerie kostet, da in ihr die Verteuerungen aller Fabrikationsstadien sich kumulieren, ein Vielfaches der Friedenspreise. Das stehende Kapital der „Kriegsbetriebe" ist daher von Anfang an sehr viel höher anzusetzen, als die im Frieden errichteten Anlagen gleicher Art erfordert hatten. Und selbstverständlich machen sich die Störungen in der Ausnutzung mit entsprechend gesteigerter Wucht geltend.

Hierzu kommt, daß die Abnutzung der stehenden Anlagen mit beträchtlich höheren Kosten anzurechnen ist. Wiederum ist da an die Mängel der Kohlebelieferung zu erinnern; denn es ist seit dem Herbst 1916 nicht mehr möglich, den einzelnen Betrieben gerade diejenigen Kohlequalitäten zuzuführen, auf welche ihre Kessel eingestellt sind, und jeder Kessel, jeder Rost leidet daher unter nicht sachgemäßer Behandlung. Weiter greift der Mangel an geeignetem Schmiermaterial, da hiervon auch und besonders die empfindlichen Werkzeugmaschinen betroffen werden. Endlich führt das Anstellen ungeübter Arbeitskräfte sowohl bei den Kraftquellen, als erst recht auch bei den Arbeitsmaschinen zu ganz wesentlich schnellerer Abnutzung. Alles das heißt Erhöhung der von der Maschinerie her kommenden Produktionskosten.

Besonders zu erwähnen ist schließlich noch, daß bei jenen Anlagen, welche nur für Kriegszwecke nutzbar sind, aus privatwirtschaftlichen ebenso wie aus volkswirtschaftlichen Gründen die Tilgung der Anlagekosten noch während des Krieges bewirkt werden muß. Diese Rücksicht macht sich jedoch nicht gleichmäßig geltend. Bei jenen Fabriken, die gleich im Anfang des Krieges errichtet wurden und auch in Betrieb gekommen sind, ist wohl allgemein die Abschreibungsperiode so kurz bemessen worden — man rechnete ja allgemein mit kurzer Dauer des Krieges —, daß der Gesamtbetrag wohl längst getilgt ist; da treten also Abschreibungsbeträge überhaupt nicht mehr in die Berechnung der Produktionskosten ein. Bei den gewaltigen Anlagen jedoch, die erst in der letzten Zeit fertiggestellt worden oder gar noch im Bau begriffen sind, kommen sehr große Abschreibungsbeträge in Betracht. Für die volkswirtschaftliche Berechnung ist es dabei gleichgültig, ob etwa das Reich diese Abschreibungen von vornherein durch Gewährung verlorener Zuschüsse auf seine Tasche nimmt, oder ob sie durch entsprechende hohe Preise allmählich beim Verkauf der Erzeugnisse hereingebracht werden. Die Wahl zwischen diesen beiden Wegen wird von privat- und fiskal-wirtschaftlichen Rücksichten bestimmt und deshalb in den einzelnen Fällen verschieden ausfallen.

8. Nicht minder wichtig ist die Erhöhung aller **Betriebskosten**, wie sie sich aus der Steigerung aller Materialpreise und aller Löhne ergibt. Die Materialpreise sind dabei das Ergebnis jener langen Reihe von Kostensteigerungen, die in jedem einzelnen Stadium des Fabrikationsprozesses sich geltend machen. Die Löhne aber stehen unter dem Einfluß des Mißverhältnisses zwischen Arbeitskraft-Angebot und Arbeitskraft-Nachfrage, das notwendig in einer so angespannten Volkswirtschaft besteht, wie sie für alle kriegführenden Länder bezeichnend ist. Das Gebiet der Arbeitslöhne ist bekanntlich dasjenige Preisgebiet, auf dem auch in Deutschland bisher nicht der leiseste Versuch einer behördlichen Festlegung gemacht worden ist. Die Steigerung der Löhne aber macht sich kostensteigernd um so stärker geltend, als mit den absoluten Lohnerhöhungen eine beträchtliche Minderung der Leistungsfähigkeit im allgemeinen parallel geht, was wiederum eine geringere Ausnutzung der Maschinenanlagen, des stehenden Kapitals also, bedeutet.

Das einzige Kostenelement, das während des Krieges keine Erhöhung erfahren hat, ist der **Kapitalzins**. Da ist es uns gelungen, im großen und ganzen unsere Kriegsanleihe auf dem Zinsfuß von 5 Proz. festzuhalten; die kleinen Verschiebungen, die im Ausgabekurs und in den Einzelheiten der Tilgung eingetreten sind, können hier außer Betracht bleiben. Infolgedessen ist auch der allgemeine Zinsfuß im wesentlichen konstant geblieben. Und da die Geldverhältnisse, wie schon dargelegt, zu einer außerordentlich starken Flüssigkeit des Bankenstandes geführt haben, so ist auch der industrielle Kredit nicht verteuert worden.

Das Ergebnis all' dieser Überlegungen ziffernmäßig zu bestimmen, ist allgemein wiederum nicht möglich, da die einzelnen Bestandteile der Produktionskosten bei jedem Industriezweig sich verschieden lagern. Auch im einzelnen stellen sich, wie noch darzulegen sein wird, der ziffernmäßigen Berechnung sehr erhebliche Schwierigkeiten entgegen. Ein Zweifel aber, daß sehr große Kostensteigerungen überall eingetreten sind, ist nicht möglich.

III.

Die amtlichen Preisfestsetzungen.

Aus dieser Sachlage ergibt sich für die staatliche Kriegs-Preispolitik folgendes:

9. Bis zu einer gewissen Höhe ist dank den Geld- und den Güter-Marktverhältnissen die Steigerung der Preise unabwendbar, und es muß auch mit der Notwendigkeit weiterer Preissteigerungen gerechnet werden. Eine Tendenz, wonach die Warenpreise aus den natürlichen Verhältnissen heraus sich senken könnten, ist nirgends zu erblicken.

Dank der Monopolstellung, welche die Warenbesitzer dem Angebot gegenüber bekommen haben, ist aber anzunehmen, daß die Preise vielfach die Höhe überschritten haben, welche nach Maßgabe der Produktionskosten als berechtigt anerkannt werden kann. Mit einer Tendenz dieser Richtung ist auf alle Fälle zu rechnen. Und da das Ausland, das im Frieden den inländischen Monopol-Organisationen (Syndikaten usw.) eine Preisgrenze zieht, im Kriege als Preisregler nicht in Betracht kommt, so muß der Staat sich der Preisfestsetzung annehmen.

Diese Forderung staatlicher Einmischung entspricht auch der allgemeinen Verfassung, welche die deutsche Volkswirtschaft im Kriege angenommen hat. Von einer freien Marktbildung kann nirgends mehr die Rede sein. Die eigentlichen Kriegsbedürfnisse sind zu dringend, als daß ihre Befriedigung den Zufälligkeiten rein privater Vereinbarungen überlassen bleiben könnte, und dem Zivilbedarf können nur solche Mengen übriggelassen werden, welche für die Deckung des Kriegsbedarfs nicht erforderlich sind. Es fehlt der freie Zufluß und der freie Abfluß vom und zum Ausland. Die Mengenbewegung ist also in ganz bestimmte Bahnen gelenkt. Fehlt aber bei der Mengenbewegung die Freiheit der Einzelwirtschaft, so kann auch die Preisbildung nicht freigelassen werden. Beide Vorgänge sind nur zwei Seiten einer und derselben Erscheinung, müssen also im Einklang miteinander gehalten werden *).

Für die praktische Durchführung dieser grundsätzlichen Forderung ergeben sich jedoch einige Einzelfragen, über die Klarheit bestehen muß, ehe man an die Preisfestsetzung selbst herantritt.

10. Die erste dieser Fragen lautet auf den Zeitpunkt, an welchem der staatliche Eingriff zuerst erfolgen soll.

Hier ist von der Tatsache auszugehen, daß die Verschiebungen des Geldmarktes sich in ihrer Wirkung nicht von vornherein übersehen lassen, und daß auch die Anspannung der Warenmärkte im Zivilbedarf Veränderungen hervorruft, die man ebenfalls nicht vorweg konstruieren kann. Infolgedessen erscheint es nicht richtig, mit einer staatlichen Preisregelung sofort dann einzugreifen, wenn die Preise in die Höhe zu gehen anfangen. Das Chaos der Warenmärkte, das erst einmal vom Geld und von den Mengenverhältnissen her eintritt, muß einigermaßen übersehbar geworden sein, ehe eine Preisregelung einsetzen kann.

*) Mit der grundsätzlichen Frage beschäftigt sich eingehender mein Aufsatz: Handel und Preisbildung (Beiträge zur Kriegswirtschaft, herausgegeben vom Kriegs-Ernährungsamt, Heft 1, Berlin 1916). Dieser Aufsatz kommt demnächst in erweiterter Gestalt als Heft 2 der „Veröffentlichungen des österreichischen Generalkommissariats für Kriegs- und Übergangswirtschaft“ heraus.

Hieraus ergibt sich weiter, daß die Friedensverhältnisse keinen brauchbaren Vergleichsmaßstab abgeben. Niemand kann von vornherein wissen, auf welche Dinge im Kriege der Bedarf sich stärker oder schwächer werfen wird. Der Geschmack der Bevölkerung ändert sich unter dem Einfluß des Kriegsausbruchs und auch des Kriegsverlaufs; ihn durch behördliche Anordnung meistern und in dem alten Friedensgeleise halten zu wollen, liegt keine Veranlassung vor. Sogar bei denjenigen Waren, die im Frieden als allgemein notwendig empfunden wurden, treten gewichtige Änderungen ein; der Begriff der Lebensnotwendigkeiten wird von der wirtschaftlich-psychologischen auf die technisch-physiologische Seite hinübergeschoben. Dies muß erst durch die Bevölkerung selbst in Gang gebracht und erkennbar gemacht werden, ehe die Behörden einzuwirken vermögen. Andernfalls käme ein Zwang heraus, der nicht nur die allgemeine Stimmung aufs verhängnisvollste beeinflussen, sondern auch die Güter-Erzeugung in falsche Bahnen lenken muß.

Erst recht liegt kein Anlaß vor zu staatlichem Eingreifen, solange die Güter-Erzeugung den Gesamtbedarf zu decken vermag. Denn solange würde der Staat die Mengen-Verteilung vollkommen freilassen müssen und demgemäß kein materielles Mittel in der Hand haben, die Befolgung seiner Preisvorschriften zu kontrollieren und zu erzwingen. Jede Preisregelung, die nicht von einer Beeinflussung der Mengen-Verteilung gestützt wird, schwebt in der Luft. Strafvorschriften allein können niemals genügen, wenn es sich um so tiefgreifende, dem Gefühlsleben der Bevölkerung fremde und deshalb von der Bevölkerung instinktiv abgelehnte Maßnahmen handelt, wie es in einer sonst auf freie Marktverfassung abgestellten Wirtschaft die behördlichen Preisfestsetzungen sind.

Den Zeitpunkt im einzelnen zu bestimmen, muß genau so dem Gefühl der Behörden überlassen bleiben, wie es in der privatwirtschaftlich aufgebauten Wirtschaftsverfassung dem Gefühl des Einzelnen überlassen ist, den Zeitpunkt des Einkaufs oder Verkaufs sich zu wählen. Einen gewissen Anhalt können die Behörden nur daraus entnehmen, daß die Warenbesitzer in größerem Umfang ihre Waren vom Verkauf zurückhalten, um so den Markt künstlich von Waren zu entblößen.

Für die verschiedenen Waren kommt der Zeitpunkt des staatlichen Eingriffs notwendig verschieden. Sowohl beim Zivilbedarf als auch beim Kriegsbedarf machen sich die Verschiebungen zwischen den verschiedenen Bedarfsrichtungen zeitlich nicht einheitlich geltend. Dem entspricht es, daß auch die Änderungen der Geldverhältnisse keineswegs gleichzeitig nach allen Seiten hin ausstrahlen. Der Krieg erfaßt nicht alle Lebensäußerungen zu gleicher Zeit mit gleicher Intensität. Dem muß auch die Preispolitik in der Wahl des Zeitpunkts Rechnung tragen.

Der Gedanke, daß es zweckmäßig gewesen wäre, gleich zu Beginn des Krieges die Preise ganz allgemein dadurch festzulegen, daß man etwa einen gewissen Prozentsatz auf die Friedenspreise draufschlug — er ist daher abzulehnen. Er übersieht, daß das Wirtschaftsleben auch im Kriege nicht eine technisch berechenbare Erscheinungsfolge ist, sondern es mit dem lebendigen Menschen zu tun hat, der mit seinem Geschmack und selbst mit seinem Gefühl vom Notwendigen unter mannigfachsten Einflüssen steht und sogar als Masseneerscheinung keine einheitliche Linie verfolgt. Namentlich der Einfluß eines Kriegsausbruchs, der offensichtlich als seine besondere Eigentümlichkeit eine in jedem Einzelfall verschiedene Massenpsychologie auslöst — was tritt nicht alles als

Kriegs-Psychose in Wirksamkeit — entzieht sich jeder Vorausberechnung.

11. Die zweite Frage geht auf die Höhe der amtlich festzusetzenden Preise.

Da wird man für alle neu herzustellenden Waren in einer geschlossenen Wirtschaft grundsätzlich von der Höhe der Produktionskosten auszugehen und die Ausnutzung des Krieges als günstiger Wirtschafts-Konjunktur abzulehnen haben*). In der Friedenswirtschaft ist das Auf und Ab der Konjunktur sozial erträglich, weil wir es entweder mit Erscheinungen ziemlich allgemeiner Natur zu tun haben, oder — wenn einzelne Gewerbezweige besonders günstig bei der Aufwärtsbewegung abschneiden — mit Erscheinungen, die durch den folgenden Rückschlag wieder einigermaßen ausgeglichen werden. Es gehört auch ein richtiges Erkennen der wirtschaftlichen Möglichkeiten dazu, aus dem Konjunkturengange wirklichen Vorteil zu ziehen; man kann also sozial-ethisch den Konjunkturen-Gewinn als Lohn für geistige Arbeit oder doch für richtigen Instinkt bezeichnen, was beides der Allgemeinheit zugute kommt. Ein Kriegsgewinn hat aber diesen Charakter nicht, sondern gleicht der Rente, die sich lediglich auf die Tatsache eines Besitzes stützt und deshalb lediglich auf Kosten der Allgemeinheit und nicht zu deren Nutzen bezogen wird.

*) Bei der Festsetzung der Preise für „mobilgemachte" Gebrauchsgegenstände ist dagegen, wenn anders deren wirklicher Wert ersetzt werden soll, von den Reproduktionskosten, d. h. den Kosten der Wieder- oder der Ersatzbeschaffung auszugehen. Wird weniger gezahlt, so bedeutet das eine Sonderbelastung jener Personen und Betriebe, die zufällig sich im Besitz der mobil zu machenden Gegenstände befinden; eine Ungerechtigkeit also, die auch im Kriege nicht zu rechtfertigen ist. Der Begriff des Konjunkturgewinnes schaltet hier aus, da ja die Ersatzbeschaffung nicht zum Zwecke des Weiterverkaufs, sondern zum Zwecke des Gebrauchs erfolgt und ein Gewinn gar nicht in Betracht kommt.

Auch hier macht sich die Eigenart der Kriegswirtschaft als des Gegenteils einer Marktwirtschaft geltend. Die amtlichen Höchstpreise müssen — genau wie die Preistaxen der mittelalterlichen Wirtschaftsweise — dem Ideal des „angemessenen" Preises nachstreben, und das ist überhaupt nur auf der Grundlage der Produktionskosten möglich.

Die Frage ist nur:

1. Kann man zu einer einigermaßen brauchbaren, ziffernmäßigen Feststellung der Produktionskosten gelangen?

2. Soll man ganz allgemein mit der Deckung der Produktionskosten sich begnügen?

12. Um mit der Beantwortung der zweiten Frage zu beginnen, so ist zu bedenken, daß im Interesse einer möglichst restlosen Deckung des Heeresbedarfs bei beschränkten Rohstoff-Vorräten der Zivilbedarf soweit zurückgeschraubt werden muß, wie es mit der Lebensführung der Zivilbevölkerung gerade noch erträglich erscheint. Der reine Verbrauchsbedarf kann und muß lange Zeit hindurch beinahe ganz vernachlässigt werden, und auch jener Bedarf, den die Arbeiterschaft zur Durchführung ihrer Produktionsaufgaben entwickelt, bedarf einer möglichst starken Einschränkung.

In erster Linie kommt allerdings die Rationierung dieses Zivilbedarfs in Betracht: es werden nur gewisse, nicht große Mengen der seltenen Stoffe freigegeben und nur für bestimmte, im einzelnen zu verfolgende Zwecke. Aber schwerlich wird eine solche Rationierung sich wirklich durchführen lassen und den erstrebten Erfolg haben, wenn daneben die Preise auf einem verhältnismäßig niedrigen Stand festgehalten werden. Die Versuchung, auf Schleichwegen doch das zu bekommen, was amtlich versagt wird, ist selbstverständlich um so größer, je geringer die dafür anzulegenden Preise sind. Auch für den Schleichhandel aber haben die amtlichen Preise immerhin die Bedeutung einer gewissen Basis ihrer Entwicklung; man bemißt den draufzuzahlenden Betrag nach dem amtlichen Höchstpreis und geht von ihm aus. Ja, nicht geringe Stoffmengen bleiben sogar innerhalb der Ration unbenutzt, wenn der dafür zu zahlende Preis hoch ist. So verlockend also es erscheint, mit Hilfe der Rationierung den Zivilbedarf bei geringen Preisen niedrig zu halten, so stark ist doch das letzte Ziel aller Kriegswirtschaft, die möglich restlose Deckung des Heeresbedarfs, durch eine solche Politik gefährdet. Für reine „Konsumenten-Politik" ist nun einmal in einer Kriegswirtschaft, welche die ganze noch kriegsfreie Bevölkerung zur Produktion im Kriegsinteresse aufrufen muß, kein Raum mehr. Alles muß unter den Gedanken der Kriegsnotwendigkeit gestellt werden.

Andererseits kann freilich die Aufgabe der Konsum-Einschränkung nicht allein den hohen Preisen überlassen werden. Gerade bei Lebensnotwendigkeiten haben die Preise in aller Regel die Tendenz, bei verhältnismäßig beschränktem Angebot von Arbeitskräften das Arbeitseinkommen weiter Bevölkerungsschichten mit in die Höhe zu ziehen, und so wird von der Einkommenssteigerung her die Preissteigerung wieder ausgeglichen, wenn nicht gar übertroffen. Deshalb kann auch bei hoher Preisfeststellung die Rationierung nicht entbehrt werden, wie überhaupt gar nicht genug betont werden kann, daß amtliche Preisfestsetzung und amtliche Mengen-Verteilung in jedem Fall einander entsprechen müssen.

Weite Kreise der Bevölkerung sind allerdings von der Möglichkeit, ihr Einkommen den Preisen der Lebensnotwendigkeiten anzupassen, so gut wie völlig ausgeschlossen; im Kriege sogar sehr viel weitere Kreise als im Frieden, da nicht nur der Friedensbestand des Heeres und die Beamtenschaft des Staates und der anderen öffentlichen Körperschaften, sondern darüber hinaus alle zum Heer eingezogenen Männer und der wesentlich erweiterte Beamtenkörper, sowie schließlich die ganze Menge der Unterstützten als festbesoldet zu bezeichnen sind. Der hohe Preis als Zurückhalter des Bedarfs kommt also in großem Umfang zu seinem Recht.

13. Im Gegensatz zum Zivilbedarf spielt jedoch beim Kriegsbedarf die Höhe des Preises gar keine Rolle in der Bemessung der Bedarfshöhe. Diese wird ja nicht von irgendwelchen wirtschaftlichen Gesichtspunkten bestimmt, sondern ganz ausschließlich von dem technischen Bedürfnis der Kriegführung und allem, was dazu gehört. Da kommt also ein Hochsetzen der Preise von diesen Gesichtspunkten her gar nicht in Frage. Da tritt vielmehr die Bedeutung der Produktionskosten ganz rein in die Erscheinung.

Allerdings stößt man bei der Erfassung der Produktionskosten gleich auf die Schwierigkeit, daß diese niemals durch einen Gewerbezweig hindurch auf gleichmäßiger Höhe stehen. Gerade bei den Rohstoffbetrieben und den ersten Fabrikationsstufen spielen die Naturverhältnisse eine beträchtliche Rolle. Die Lagerung der Kohle, der Erze, der sonstigen Mineralien ist außerordentlich mannigfaltig und bedingt für die einzelnen Gruben Gewinnungskosten von außerordentlicher Verschiedenheit. Ob dicht unter der Erde und deshalb womöglich im Tagebau zu gewinnen, oder ob erst viele Hunderte von Metern im Erdinnern zu erreichen und deshalb an teure Schachtbauten gebunden — ob von festem Gestein überdeckt und deshalb verhältnismäßig billig aufzuschließen, oder ob unter Schwemmsandschichten gelagert und deshalb an das teure Gefrierverfahren gebunden — ob gleichmäßig in starken Flözen und Gängen liegend, oder ob durch mannigfache Verwerfungen unterbrochen — ob gasreich und deshalb auf reichliche, teuere Luftzuführung gestellt, oder ob gasfrei und nicht von schlagenden Wettern bedroht — und was der geologisch-technischen Unterschiede mehr sind, die sich da geltend machen — alles das stellt die Produktionskosten von Grube zu Grube, ja von Schacht zu Schacht, in ganz gewaltige Verschiedenheiten hinein. Über Tage nicht viel anders. Was bedeutet da nicht allein schon die Beschaffenheit des Wassers, mit dem man arbeiten muß, und nun gar die größere oder geringere Entfernung von Flußläufen, aus denen das Wasser heranzupumpen ist; von der Transportlage, die für die Heranschaffung der Verarbeitungsstoffe von großer, oft von entscheidender Bedeutung ist, hier gar nicht weiter zu reden. Da geht es nicht an, etwa die Produktionskosten desjenigen Werkes den Preisen zugrunde zu legen, das über die günstigsten Gewinnungsbedingungen verfügt, und es geht auch nicht an, irgendwie errechnete Durchschnittskosten dazu zu nehmen. Will man zu einheitlichen Preisen gelangen, so bleibt nichts übrig, als die Produktionskosten des ungünstigsten Werkes, das zur Deckung des Bedarfs noch notwendig herangezogen werden muß, zur Preisunterlage zu machen; womit dann unvermeidlich gegeben ist, daß den bessergestellten Werken eine mehr oder minder beträchtliche Bodenrente als Gewinn zufällt.

Dazu treten auch Unterschiede in der technischen Einrichtung, die keineswegs gering zu sein pflegen. Nicht jedes Werk, das man doch für die Bedarfsdeckung braucht, ist zur vollen Höhe modernster Leistungsfähigkeit emporgehoben; Kapitalkraft, Patente, Tradition und andere persönliche Momente sind oft von ausschlaggebender Bedeutung. Und schließlich spielt auch die

Arbeiterschaft, die dem einzelnen Werk zur Verfügung steht, eine recht erhebliche Rolle; es mag nur als Beispiel angeführt werden, daß zwar die südlichen Zechen des Ruhrgebiets in ihrer unmittelbaren Nachbarschaft die alteingesessene Knappenbevölkerung haben, daß aber die großen Zechen des Nordens ihre Bergleute sich aus aller Herren Länder zusammenholen mußten. Da kommen auf die geförderten oder fabrizierten Einheitsmengen sehr verschiedene Kapital- und Betriebskosten heraus. Wiederum etwas, was gegenüber einem einheitlichen Höchstpreis eine Quelle sehr verschiedener Gewinne bedeutet.

Nun kann man natürlich in einem Kriege, bei dem der Mangel an Betriebsmaterialien und an Arbeitskräften die restlose Erfassung aller Produktionsquellen verbietet, daran denken, die schlechtest gelegenen und schlechtest eingerichteten Werke ganz still zu legen und die Produktion bei den bessergestellten Betrieben bis zur völligen Erfassung von deren Leistungsfähigkeit zu konzentrieren. Dann wird man nicht umhin können, den stillgelegten Werken eine Entschädigung zur Verzinsung und Tilgung der in ihnen festliegenden Kapitalien zu gewähren. Man steht also vor der Frage, wie hoch man diese Beträge bemessen will. Auch da geht es ohne Willkür nicht ab, und man riskiert noch dazu, die Erdschätze, an deren Hebung nun nicht gearbeitet wird, für alle Zeiten zu verderben.

14. Ein Ausweg aus dieser Schwierigkeit bietet sich darin dar, daß man nicht für alle Produzenten dieselben Preise festsetzt, sondern je nach den Produktionskosten verschiedene Preise erstellt. Dies hat jedoch zwei nicht gerade häufig gegebene Voraussetzungen:

Erstens muß sich der Staat selbst oder eine besonders zu

schaffende Organisation als Preispuffer zwischen die Produzenten und die Abnehmer stellen können; denn niemand kann daran denken, die Verschiedenartigkeit der Produzentenpreise etwa auch den einzelnen Abnehmern gegenüber gelten zu lassen. Jenes ist aber nur möglich, wenn die Gesamtmenge, die zum Verkauf gelangt, sich im Rahmen dessen hält, was noch von einer einzigen Stelle her disponiert werden kann, und wenn die Qualitätsunterschiede nicht gar zu mannigfaltig sind. So übernimmt die Kriegsmetall-Aktiengesellschaft die gesamte, nicht von den Produzenten selbst weiter verarbeitete Rohmetall-Erzeugung zu verschiedenen, nach den individuellen Verhältnissen des einzelnen Werkes ausgerichteten Preisen und verkauft sie zu — zum Teil niedrigeren — Einheitspreisen an die selbständigen Verarbeiter weiter. So könnte man auch die Verteilung des Roheisens und Rohstahls, auch noch der schweren Walzfabrikate (Produkte A des Stahlwerksverbandes) in gleicher Weise bewirken; Roheisenverband und Stahlwerksverband erfüllen ja längst schon eine immerhin sehr ähnliche Aufgabe. Damit wäre jedoch nicht viel erreicht, da die „gemischten Werke" der Montanindustrie den größten Teil ihrer Halbfabrikate selbst weiter verarbeiten. Und bereits beim Stabeisen mit seinem unendlichen Vielerlei an Qualitäten und bei allen feineren Massenfabrikaten, erst recht natürlich bei den individuellen Gebrauchsartikeln hört die einheitliche Übersehbarkeit auf; hier hat auch der Stahlwerksverband es nie zu geschlossener Verkaufstätigkeit gebracht.

Zweitens darf es sich nur um eine geringe Zahl von Produktionsstellen handeln, da sonst keine Behörde in der Lage ist, für jede einzelne Stelle die besonderen Produktionskosten zu errechnen und in ihrer dauernden Entwicklung zu verfolgen. Was bei Zink und Blei in den allerersten Stufen der Gewinnung, im Bergwerk und in den Hütten, möglich ist, dürfte bei Kohle und Eisen schon nicht mehr möglich sein und fällt auch für Zink und Blei in der Weiterverarbeitung, etwa im Walzwerk, vollkommen aus.

Dieses zweite Hindernis erweist sich auch da als besonders störend, wo der Staat selbst der letzte Abnehmer der Waren ist, wo also die Errichtung eines besonderen Zwischengliedes entbehrt werden kann. Gerade für Rüstungszwecke hat bekanntlich der Kreis der zu beteiligenden Betriebe ganz gewaltig ausgeweitet werden müssen — wer stellt heute nicht alles Granaten oder Zünder usw. her! —, und in buntester Mannigfaltigkeit stehen deshalb hier die Produktionsbedingungen und Fabrikationsanlagen nebeneinander. Es reicht auch nicht aus, etwa nur die Produktionskosten des Letztlieferers nachzurechnen; allzu leicht wäre es diesem dann gemacht, seinen Vorlieferern durch Bewilligung hoher Preise Extragewinn zuzuwenden und daran dann beteiligt zu werden. Für jeden einzelnen Fabrikationsgang müßte vielmehr bei jedem einzelnen Werk die Höhe seiner Produktionskosten festgestellt und außerdem auch noch den Geschäftsverbindungen in Einkauf und Verkauf nachgegangen werden — eine schier unlösliche Aufgabe.

Und schließlich bleibt immer die entscheidende Frage offen, ob bei einem solchen Nachprüfen der Produktionskosten des einzelnen Werkes auch wirklich das Höchste an Leistungen aus ihm herausgeholt wird, ob nicht vielleicht gar ein Rückgang in den Kauf genommen werden muß. Denn es ist — vom Unternehmer aus gesehen — ein gewaltiger Unterschied, ob auf der Grundlage allgemeiner Kostenschätzungen ein für alle gleicher Höchstpreis amtlich festgesetzt wird, oder ob ein einzelner Beauftragter der staatlichen Behörde den Gestehungskosten des einzelnen Werkes bis in ihre Einzelheiten hinein nachforscht. In jenem Fall behält

3*

der Unternehmungsleiter die Möglichkeit, durch Verbesserungen der Fabrikationstechnik oder der Werksorganisation seine Produktionskosten zu senken, den Gewinn des Werkes zu erhöhen; und da nun einmal die stärkere Anspannung des ganzen Fabrikationsapparates in der Regel — keineswegs immer! — das einfachste Mittel der Kostenminderung ist, so kann in dieser Möglichkeit zugleich ein starker Anreiz liegen, die Produktion über das bisher innegehaltene Maß hinaus zu steigern, namentlich auch aus gleicher Rohstoffmenge ein Mehr an Fabrikaten zu gewinnen — ein Ergebnis, das im Kriege auf keinen Fall aufs Spiel gesetzt werden darf. Findet dagegen eine Einzelprüfung statt, so ist diese Möglichkeit steigenden Gewinnes zwar nicht — wie von Unternehmerseite oft behauptet wird — völlig ausgeschlossen; denn die Prüfung und die auf ihr aufbauende Preisfestsetzung gehen der Ausführung des Auftrags voran und lassen daher für diese eine gewisse Beweglichkeit offen. Aber die Grenze ist doch ganz außerordentlich enge gezogen und macht sich um so früher schon als Hemmung geltend, je peinlicher die Selbstkostenprüfung vorgenommen wird, je mehr dem Unternehmer dabei das Gefühl geweckt wird, sich in die heimlichsten Falten seines Betriebes und seiner individuellen Betriebsführung hineinleuchten lassen zu müssen. Sollen also Einzelfeststellung der Preise und Produktionshebung sich nicht ausschließen, so ist von den prüfenden Organen der staatlichen Behörden nicht nur eine überragende Kenntnis des betreffenden Fabrikationszweiges, — und zwar mehr noch nach der kaufmännisch-wirtschaftlichen und buchführungstechnischen, als nach der fabrikationstechnischen Seite hin — zu fordern; sondern es kommt auch in besonders hohem Grade auf das Waltenlassen allgemein-wirtschaftlichen Gefühls und nicht zuletzt menschlichen Taktes an. Wer die Arbeit unserer großen

Revisions- und Treuhand-Gesellschaften näher kennt, weiß zur Genüge, welch große und entscheidende Rolle in ihr die Auswahl der Personen spielt. Und wie hier der Revisor es verstehen muß, aus dem nachprüfenden Kontrollorgan zum vorwärtshelfenden Berater zu werden, so hängt auch die Ersprießlichkeit der staatlichen Selbstkosten-Nachrechnungen am letzten Ende von dem Vertrauen ab, das sich Staatsbehörde und Unternehmung entgegenbringen.

Wiederum macht sich geltend, daß auch im Kriege die Volkswirtschaft nicht nur aus technisch-berechenbaren Prozessen sich zusammensetzt, sondern mit den Grenzen menschlicher Leistungsfähigkeit und auch menschlichen Wohlverhaltens sich abfinden muß.

15. Die Schwierigkeiten, die Produktionskosten ziffernmäßig zu berechnen, türmen sich überall da, wo das einzelne Werk mit verschiedenen Produkten zum Verkauf kommt.

Da gibt es schon bei Erzeugnissen gleicher Fabrikationsstufe eine Menge von Einrichtungen und Arbeitsleistungen, die entweder für alle Verkaufsprodukte oder doch wenigstens für mehrere von ihnen eingesetzt werden, aber mit verschiedener Intensität. Soll da die arg willkürliche Berechnungsweise der privatwirtschaftlichen Praxis, die eigentlichen Lohnsummen, die „produktiven Löhne", zum Maßstab der anderen Kostenverteilung zu machen, auch vom Staat übernommen werden? Lohnarbeits-Leistung, Maschinenverwendung und die Arbeit der höheren Angestellten stehen keineswegs ihrem Umfang nach und erst recht nicht dem einzelnen Kostenbetrag nach in organisch-notwendigem Zusammenhang miteinander. Jede falsche Berechnung des gegenseitigen Verhältnisses trägt aber den Keim zu Sondergewinnen in sich. Diese heben das begünstigte Werk über den Nachbar hinaus und lösen dann bei ihm notwendig das Streben nach anderer Berechnung der Preisunterlage aus. Der Staat als Preisregler kann nicht wohl außer acht lassen, daß für jedes Unternehmen der Vergleich mit dem Gewinn des Nachbars erst den Maßstab gibt, an dem man den Erfolg der eigenen Tätigkeit abliest. Sondergewinne dieser Art werden schwerlich als „angemessen“ anerkannt werden.

Und wie soll es gehalten werden, wenn die einzelnen Werke von verschiedenen Fabrikationsstufen aus mit deren Ergebnissen zum Teil an den Markt kommen, sie zum Teil aber im eigenen Betriebe weiterverarbeiten? Das Problem, im „gemischten Werk“ die Produktionskosten der einzelnen Arbeitsstufen auch nur einigermaßen einwandfrei zu berechnen, ist einstweilen von der Privatwirtschaft noch nirgends gelöst. Es braucht nur auf die allgemein übliche Berechnungsweise hingewiesen zu werden, wonach der weiterverarbeitende Betrieb sein Verarbeitungsmaterial, auch wenn er es aus einem Betrieb desselben Unternehmens empfängt, doch in seine Produktionskostenrechnung zum Marktpreise einstellt, als ob — als ob! — er es kaufe. Gewiß richtig, wenn es auf die Feststellung ankommt, ob die Kombination der Betriebe oder aber ihre unternehmungsweise Selbständigkeit vorteilhafter ist. Und doch sicherlich falsch, wenn die wirklichen Selbstkosten der schließlich zum Verkauf kommenden Fabrikate zu berechnen sind, da für die Vorstufen desselben Unternehmens ein besonderer Unternehmergewinn und Konjunkturschwankungen nicht wohl angesetzt werden dürfen; ist doch grade das Streben nach Ausschaltung dieser Schwankungselemente, das Streben nach „Marktunabhängigkeit“ häufig der wichtigste Grund für den Aufbau der „gemischten“ Werke.

Es ist die Frage nach der Verteilung der sog. Generalunkosten, die hier ihre Bedeutung enthüllt. Im Frieden findet sie in aller Regel dadurch eine verhältnismäßig einfache Lösung, daß man zwar bei der Vorkalkulation, wie erwähnt, die sog. produktiven Löhne auch zum Maßstab für die Verteilung dieser Kosten macht, daß man aber die endgültige Verteilung nach den erzielten Preisen vornimmt, also wirtschaftlich bestimmt. Nicht selten geht man aber auch von Anfang an so vor, daß man auf denjenigen Teil der Fabrikation, bei dem man auf hohe Preise rechnen kann, die Gesamtheit oder doch den größten Teil aller Generalunkosten des ganzen Werks wirft und dafür den anderen Teil, bei dessen Absatz ein scharfer Wettbewerb die Preise drückt, nur mit den eigentlichen Betriebskosten belastet. Das bekannteste Beispiel ist der Auslandsverkauf zu niedrigen Preisen, wie ihn unsre straffen Syndikate, auch viele Einzelwerke häufig betätigt haben; er deckt nicht den Durchschnitt der Gesamtkosten — deshalb spricht man von Opfern, die bei der Ausfuhr gebracht werden müssen — und bringt doch noch Gewinn, sofern nur die Betriebskosten etwas überschritten werden, da der hohe Preis des Inlands die sämtlichen Generalunkosten vorweg zu decken hat.

Im Kriege fällt der Maßstab der Preise fort, da doch diese nach den Unkosten festgestellt werden sollen und nicht umgekehrt. Aber wie nun die Formel für die Verteilung finden, wo doch die Friedenswirtschaft keine brauchbaren Anknüpfungspunkte darbietet? Gerade der Krieg, der alle Kräfte für das Notwendigste beansprucht, gibt schwerlich Gelegenheit, von Staats wegen zu einer besseren Berechnungsweise zu kommen. Der Staat kann nur willkürlich für die einzelnen Verkaufsprodukte die Produktionskosten errechnen und dann seiner amtlichen Preisfestsetzung zugrunde legen.

16. Und nun endlich die noch viel delikatere Frage nach den Produktionskosten der sogenannten **Nebenprodukte** und **Abfälle**.

Da gilt es zuerst zu entscheiden, was denn nun eigentlich wirtschaftlich — nicht etwa technisch — Hauptprodukt und was Nebenprodukt ist. Man erinnere sich, daß nach einem Ausspruch des Leiters des Rheinisch-Westfälischen Kohlensyndikats in den letzten Jahren der Friedenszeit der Verkauf der Nebenprodukte den Zechen ihren Gewinn gebracht haben soll, während der Verkauf des technischen Hauptproduktes, der Kohle, kaum noch gewinnbringend war. Ebensogut kann man sagen, daß die Zechen offenbar von den Gewinnungskosten der Kohle zu viel auf dieses technische Hauptprodukt und zu wenig auf das Nebenprodukt, das aber — wenn jene Behauptung richtig ist — wirtschaftlich das Hauptprodukt geworden ist, bei der Berechnung gelegt haben; denn wenn der Gewinn wirklich aus den Nebenprodukten kommt, dann ist wirtschaftlich die Gewinnung der Kohle nicht mehr Selbstzweck, sondern Mittel zum Zweck der Nebenprodukt-Herstellung, und von den Produktionskosten der Kohle müßte mindestens so viel den Nebenprodukten zur Last geschrieben werden, wie etwa (!) dem Anteil entspricht, den diese in der Rohkohle im Verhältnis zur Verkaufskohle ausmachen. Kann da der Staat, wenn er die Produktionskosten zur Unterlage seiner Preispolitik macht, die rohe Berechnungsweise der Praxis so einfach übernehmen?

Wie wenig einfach, wie gar nicht selbstverständlich die Beantwortung dieser Frage ist, mag ein Beispiel aus einer ganz anderen Betätigungssphäre darlegen. Man frage etwa einen Jäger nach den Selbstkosten der von ihm geschossenen Hasen. Er wird nur allzu geneigt sein, die ganze Pacht, die er für die Jagd zu entrichten hat, und alle damit zusammenhängenden Unkosten auf das geschossene Wild zu verrechnen. Da kommt er aber in Schwierigkeiten, wie er den Hasen und den Rehbock auf einen Nenner bringen soll, und doch wäre das ziemlich einfach, wenn er nur richtig rechnen wollte. Die Jagdpacht hat nämlich mit den Selbstkosten des Hasen und des Rehbocks überhaupt so gut wie garnichts zu tun, da der Verkauf des Wildes Nebenprodukt ist. Die Hauptsache, weshalb eine Jagd gepachtet wird, ist doch wohl die Jagd-Liebhaberei des Pächters, und darauf sind dann auch die Pachtkosten und sogar noch ein gut Teil der Kosten des Jagens selbst natürlich zu verrechnen. Aber jeder Jäger wird auch wieder umgekehrt sich veranschlagen, wieviel Gewinn er voraussichtlich aus dem Verkauf des geschossenen Wildes erzielen kann, um danach zu bemessen, ob seine Liebhaberei ihm die übrigbleibenden Jagdkosten wert ist.

Wie immer man die Frage der Produktionskosten anfaßt: der ziffernmäßigen Berechnung stellt sich Schwierigkeit auf Schwierigkeit entgegen. Wer in unserer Industrie Bescheid weiß, der weiß auch, daß sie von der Lösung all dieser Fragen — trotz Taylor — noch sehr weit entfernt ist. Selbst da, wo es sich lediglich um die technischen Bestandteile der Kostenrechnung handelt. Wieviel mehr da, wo wirtschaftliche Bestimmungsgründe entscheidend mitsprechen!

17. Es gibt nämlich auch noch Selbstkostenbestandteile — wirkliche Selbstkosten —, die überhaupt nicht von der technischen Seite her bestimmt werden, sondern nur wirtschaftlich, und die deshalb in ihrer Höhe nach den erzielbaren Preisen sich richten, nicht diese Preise bestimmen. Das sind diejenigen A b - s c h r e i b u n g s q u o t e n, die auf die wirtschaftliche Ausnutzungszeit sich beziehen.

Jede Maschine, wie überhaupt jede technische Anlage hat eine gewisse Lebenszeit, in der sie sich technisch nutzen läßt, und bis zum Ablauf dieser Zeit muß sie natürlich spätestens abgeschrieben sein; das läßt sich in erträglichen Grenzen des Unbestimmten berechnen. Aber es ist regelmäß eine ganz andere Frage, ob nicht viel früher schon der Zeitpunkt kommt, zu dem diese Maschine dank neuer Erfindungen oder dank Geschmacks- und Bedarfs-Verschiebungen nicht mehr rentabel arbeiten kann. Dieses Risiko ist auch in die Preisberechnung einzustellen. Aber mit welchem Betrage? Dafür gibt es keinen Anhalt. Das ist vorweg niemals zu sagen. Hier bleibt in der Friedenswirtschaft nichts anderes übrig, als nach den Beträgen sich zu richten, die über die technischen Selbstkosten hinaus bei den Verkaufspreisen noch verbleiben. Ist die Marktlage günstig, so wird viel und im anderen Falle wenig abgeschrieben. Kommt man dadurch zu völliger Herunterbuchung, ehe die wirtschaftliche Ausnutzungsmöglichkeit erschöpft ist, so öffnet sich der Weg zu besonderen Gewinnen. Im anderen Fall gibt es Verluste als ein Zeichen, daß man die wirtschaftlich bestimmten Selbstkosten nicht richtig erfaßt hat.

Privatwirtschaftlich pflegt man allerdings diese Kostenteile als Bestandteile des Gewinns zu verrechnen, wenn sie nicht schon als „stille Reserven" auf Betriebskonto übernommen worden sind. Volkswirtschaftlich — deshalb bei staatlichen Preisfestsetzungen — sind sie aber als wirkliche Selbstkosten zu behandeln, wie sie ja auch privatwirtschaftlich nicht an die Unternehmer und Kapitalisten verteilt werden können, sondern ins „Werk" hineinfließen müssen.

Der Krieg legt diesem Teil der Produktionskosten erhöhtes Gewicht bei. Niemand konnte und kann wissen, wie lange der Krieg dauern wird. Unendlich viele Anlagen sind jedoch nur für

Kriegsbedarf brauchbar. Sie müssen also, wenn nicht privatwirtschaftlich Verluste eintreten sollen, bis zum Kriegsende abgeschrieben und die Preise müssen demgemäß bemessen sein. Aber eben dieses „demgemäß" ist unberechenbar. Da die Abschreibung nicht nach dem Preise gerichtet werden kann, sondern natürlich bei amtlicher Festsetzung den Preis mitbestimmen muß, so bleibt nur die Willkür übrig.

Es sei denn, daß man den Weg beschreiten kann, den England in einzelnen Gewerbezweigen und Betrieben gewählt hat. Hier nimmt der Staat die ganze Last der für den Krieg bestimmten Neuanlagen auf seine eigenen Schultern. Er läßt aber den privatwirtschaftlichen Charakter der Unternehmungen insofern bestehen, als die Leiter und Angestellten beibehalten und auch Gewinne auf das private Kapital zugebilligt werden. Aber diese Gewinne lassen sich ebenso wie die technischen Selbstkosten berechnen, da sie nach der Friedensvergangenheit fixiert werden. Beides bestimmt allein die Preise, die an die Unternehmungen vom Staate zu entrichten sind. Dieser kauft also im Augenblick verhältnismäßig billig, trägt aber das ganze wirtschaftliche Risiko der Neuanlagen.

Ob dieses Verfahren im Endergebnis vorteilhaft ist, läßt sich natürlich während des Krieges nicht absehen. Jedenfalls aber hat es zur Voraussetzung, daß die betreffenden Werke — wie es in England der Fall ist — von Grund aus neu für die Kriegslieferungen eingerichtet werden müssen. Lassen sich erhebliche Bestandteile der alten Anlagen weiter benutzen, so wäre es eine arge Verschwendung volkswirtschaftlicher Art, wenn man sie den Produktionskosten-Berechnungen zuliebe ungenutzt lassen wollte. Sie haben jedoch das Mißliche, daß nun jene Lastenverteilung und damit jene Preisbestimmung nicht mehr möglich ist. Wie wollte man denn die wirtschaftlichen Abschreibungen auf die privaten Anlagen bemessen, wo doch staatliche und private Betriebsteile eng ineinander greifen?

Bei uns ist nun durchaus die Regel, daß die Rüstungsbetriebe zu sehr großem Teil ihre alten Anlagen mit benutzen. Unsere ganze Eisenindustrie zumal war ja, im Gegensatz zur englischen, schon vor dem Kriege durchaus auf der Höhe moderner Leistungsfähigkeit und brauchte sich daher nur zu ergänzen, nicht aber völlig zu erneuern. Bei uns wären daher die Unterlagen der Selbstkostenberechnungen, auch bei staatlicher Gestellung der Neuanlagen, aus dem Unberechenbaren nicht wesentlich herausgehoben worden. Da war es doch wohl richtiger, daß wir auch das privatwirtschaftliche System als Ganzes beibehalten haben. Ist doch auch England nur außerordentlich vorsichtig auf jenem andern Wege vorgeschritten; es scheint, daß nur wenige tausend Betriebe so erfaßt worden sind.

Wir müssen uns, um volkswirtschaftlich sparsam zu bleiben, mit dem Risiko fiskalwirtschaftlichen Schadens und privatwirtschaftlichen Gewinns abfinden.

18. Der Gedanke, Preisfestsetzungen allein auf Produktionskosten-Rechnungen aufzubauen und dabei die Möglichkeit eines wirklichen Gewinns auszuschließen, ist also Utopie. Bleiben aber die Gewinnmöglichkeiten auf alle Fälle bestehen, so muß man auch einen Schritt weiter tun und ganz allgemein über die gesamten Produktionskosten und über den Kapitalzins hinaus in die Preisfestsetzungen von vornherein einen Unternehmergewinn hineinrechnen. Die Willkür des Staates darf nicht so weit gehen, daß er einigen Werken grundsätzlich versagt, was er den meisten tatsächlich lassen muß.

Allerdings ist der theoretischen Idee nach dieser Gewinn in der Kriegswirtschaft überall da nicht berechtigt, wo es sich beim einzelnen Gewerbezweig lediglich um die kriegsmäßige Verwertung der noch aus dem Frieden stammenden Vorräte handelt, wo neue Erzeugung und neue Einfuhr gar nicht oder doch nicht annähernd im Verhältnis zum Bedarf in Betracht kommen. Denn hier hat der Besitzer keinerlei Markt-Risiko zu tragen, während doch dieses Risiko das wichtigste Gegenstück zum Gewinn bildet. Er ist absolut sicher, seine Ware loszuwerden; er braucht auf keinen Preisrückgang gefaßt zu sein; er hat auch keinen Ausfall in den Zahlungen zu fürchten und ist aller Konkurrenz-Möglichkeiten enthoben. Da würde es also scheinbar genügen, wenn die amtliche Preistaxe ihm den Friedenspreis gewährte, vermehrt etwa durch einen Betrag für die höheren Kosten des laufenden Betriebes, zu denen auch sein eigener Lebensunterhalt, die Entlohnung seiner Arbeit, natürlich zu rechnen wäre.

Aber schon hierbei kommt man ins Ungewisse. Das stehende Kapital, und wenn es nur in der Laden- und Lagermiete sich geltend macht, fällt bei der Verringerung des Vorrats in immer größeren Teilbeträgen auf jede noch zu verkaufende Einheitsmenge. Auch die laufenden Betriebskosten lassen sich keineswegs in gleichem Verhältnis, wie der Vorrat abnimmt, vermindern. Und wie soll in die Unkosten alles das hineingerechnet werden, was nach der völligen Auflösung des Vorrats noch bis zur Beendigung des Krieges und darüber hinaus bis zur Wiederaufnahme der regelmäßigen Fabrikations- und Verkaufstätigkeit von den einzelnen Betrieben aufzuwenden ist? Da liegen doch wieder Risiken vor, die einen Gewinnaufschlag rechtfertigen.

Vollends kommt man ohne Gewinnaufschlag da nicht aus, wo es sich darum handelt, die Produktion bis an die Grenze des

Möglichen zu steigern. Wäre wirklich im Kriege, wie oft gesagt wird, die Leitung eines Fabrikationsbetriebes lediglich eine technische Frage, so könnte man vielleicht daran denken, die ganze Leitung an staatlich festbesoldete Techniker zu übertragen und alles Unternehmerhafte auszuschalten. Aber das ist nicht der Fall. Denn wenngleich der Markt, der große Unbekannte, als Abnehmer im wesentlichen weggefallen ist, von dieser Seite her also in der Tat dem eigentlichen Unternehmertum keine Aufgaben gestellt werden, so sind doch die Aufgaben der inneren Organisation gerade im Kriege an Schwere gewaltig gewachsen. Da heißt es, in der allgemeinen Knappheit die verschiedenen Produktionsmittel (Kraft- und Arbeitsmaschinen, Rohstoffe, Arbeitskräfte) so umzuorganisieren, daß ein möglichst hohes Produktions- und Wirtschafts-Ergebnis wiederum herauskommt. Neue Fabrikationszweige sollen ausprobiert und aufgenommen werden, Kapitalien sind zu beschaffen, und was der Dinge mehr sind, die man als kaufmännische Aufgaben des Innenbetriebes, richtiger aber als die nach innen gerichtete Unternehmeraufgabe zu bezeichnen hat. Auch über die Preise ist zu verhandeln, wennschon nicht mehr der einzelne Abnehmer, sondern der preisfestsetzende Staat auf der anderen Seite sich befindet. Da kann gut, und da kann schlecht „disponiert" werden. Eine Aufgabe also und auch ein Risiko liegen in der Kriegszeit auf dem Unternehmer ähnlich jener Aufgabe, die etwa der oberste Leiter eines Unternehmens im Frieden zu erfüllen hat, wenn dieses einem straffen Verkaufs-Syndikat angehört.

Gerade im Krieg darf nicht vernachlässigt werden, daß der Gewinn der wichtigste Ansporn dazu ist, aus den Produktionsstätten das Menschenmögliche herauszuholen. Für die unbedingt notwendige Steigerung der Produktion müßte es verhängnisvoll werden, wenn man diese Triebkraft ausschalten wollte, ohne doch eine Kraft von mindestens gleicher Stärke in den Wirtschaftsgang einschalten zu können. Man kann nicht erwarten, daß alle unsere Betriebsleiter, die in der Friedenswirtschaft am Gewinn — richtiger: am Vergleich des Gewinns ihres Werks mit dem der Nachbarwerke — den Erfolg ihrer Tätigkeit abzulesen pflegten, nun plötzlich durch den Krieg zu ganz anders gestimmten Menschen werden. Man hat ja auch dem Staatsbeamten die Aussicht auf Beförderung nicht genommen; dem Offizier winkt in hohem Grade Ruhm, Verbesserung des Vorwärtskommens und mancher Orden, auf den er im Frieden keine Aussicht hatte; die ganze Welt der Techniker ist darauf aus, die besondere Bedeutung, welche die Technik im Kriege erlangt hat, zur Verbesserung ihrer sozialen Stellung zu benutzen; Gelehrte und Künstler nehmen die Gelegenheit wahr, sich einen Namen zu machen; und was der „Kriegsgewinn"-Möglichkeiten mehr sind, die außerhalb der unmittelbar sachlichen Aufgaben auf nicht-materiellem persönlichem Gebiet sich darbieten. Warum soll da der Unternehmer sich plötzlich von ganz anderen Motiven leiten lassen als im Frieden? Gerade auch auf dem Gebiet der Metalle (im wirtschaftlich-engeren Sinne dieses Wortes), wo die an die Produzenten zu zahlenden Preise nach den individuellen Produktionskosten wenigstens teilweise ausgerichtet werden, hat sich sehr deutlich gezeigt, welch' große Bedeutung eine Preiserhöhung für die Steigerung der Produktion haben kann.

Nun wird aber weiter gesagt: wennschon dem Unternehmer als Lohn für seine Tätigkeit eine Gewinnaussicht gelassen werden muß, so haben doch der Aktionär und der stille Gesellschafter als an der Arbeit nicht beteiligte Nichts-als-Kapitalisten keinen ähnlichen Anspruch; für Aktien und sonst „still" mitbenutzte Kapitalien müsse es daher genügen, wenn schlechtweg der Verzinsungssatz der Friedenszeit den Produktionskosten zugeschlagen werde. Diese Auffassung verkennt jedoch das Wesen des modernen Unternehmertums. Dieses arbeitet nicht — wie etwa der mittelalterliche Gewerbetreibende — im Hinblick auf die Deckung des eigenen Lebensbedarfs, und es erstrebt nicht Erhöhung des Gewinns, um selbst besser leben oder selbst Ersparnisse machen zu können. Sein Lebensinhalt ist vielmehr sein „Werk", seine Unternehmung. Dessen Gedeihen und dessen Fortentwicklung geben allem Unternehmertum das Gesetz, und ganz regelmäßig wird selbst auf Kosten des eigenen Tantieme-Rechts vom Gewinn vieles in das Werk hineingesteckt, nicht ausgeschüttet. Wohl aber ist der Gewinn der Maßstab, an dem jeder sein Tun mißt. Man will nicht unter die Gewinnsätze der vorhergehenden Zeit heruntersinken; denn dann müßte man sich vorwerfen, schlechter als früher gearbeitet, die Zeichen der Zeit nicht mehr richtig verstanden zu haben. Und man will auch vom Nachbar nicht im Gewinn überflügelt werden; denn man müßte sich dann sagen, daß man doch noch nicht alle Möglichkeiten wirtschaftlichen Erfolges ausgeschöpft hat. Hierin liegt die Bedeutung der Aktiendividende für die Produktionssteigerung: wie sie mit jenem Betrag, der den normalen Kapitalzinssatz übersteigt, dem Aktionär nur einen Anteil am Arbeitsergebnis der leitenden Köpfe, nicht etwa ein eigengewonnenes Erträgnis zuführt, so tritt in ihr jenes Arbeitsergebnis am deutlichsten in die Erscheinung. Den Aktionären — als den rechtlichen Trägern des Unternehmens — kommt zugute, daß die Unternehmungsleiter — als wirtschaftliche Träger der Unternehmerstellung — in der Dividende den wichtigsten Maßstab ihres Arbeitserfolges erblicken. Sie hierin auf feste Sätze beschränken zu wollen, hieße den Unternehmern selbst die Seele aus dem Leibe nehmen.

Die Aussicht also, am Gewinn ablesen zu können, ob er unter den besonderen Schwierigkeiten des Krieges erfolgreich gearbeitet hat oder nicht, muß man dem Unternehmer lassen. Das heißt: die amtlichen Preise dürfen auch dem Grundsatz nach nicht lediglich die Produktionskosten decken, müssen vielmehr Gewinn-Möglichkeiten in sich tragen.

19. Wie hoch soll nun die Gewinnaussicht bemessen werden?

Die Antwort auf diese Frage scheint England, soweit wir die dortigen Verhältnisse überhaupt zu übersehen vermögen, bei den Eisenbahnen und wohl auch bei den Steinkohlenzechen in verhältnismäßig einfacher Weise gegeben zu haben; es stellt den Betrieb dieser Unternehmungen in staatliche Rechnung und sichert den Besitzern den durchschnittlichen Gewinn der letzten Friedensjahre zu. Es ist der Weg, welcher den Gewinn als Leistungsantrieb nicht berücksichtigt, und der in der Tat bei solchen Betrieben gangbar erscheint, die nach ihrer ganzen Technik schemahaft zu betreiben sind und deshalb, wie die Eisenbahnen, bei uns seit vielen Jahren staatlich geführt werden. Bei der Behandlung der Kohlenzechen schon darf man aber nicht übersehen, daß England — bei allem Interesse, das es an der Hebung seiner eigenen Kohlenförderung hat — doch nicht so ausschließlich wie wir auf diese Quelle aller weiteren Kriegsarbeit sich eingestellt sieht; kommen dank der Übertreibung des Schematismus einige Millionen Tonnen Kohle weniger zur Förderung, als wenn man die Peitsche der Gewinnaussicht weiter schwingen ließ, — nun dann wird weniger Kohle ausgeführt, und zur Not tritt Amerika mit entsprechend höheren Lieferungen von Kriegsmaterial in die Bresche. Ob und in welcher Weise, bei welcher Art von Unternehmungen England dasselbe System in seiner Eisen-Industrie angewandt hat, ist schon nicht so deutlich zu sehen; die immer wiederkehrenden Klagen über die „Riesengewinne" der ganzen Rüstungsbetriebe lassen vermuten, daß hier der private Charakter der Unternehmungen zumeist noch beibehalten worden ist. Und bei der Wollindustrie, die man im Rohstoffbezug und in der Bemessung des Arbeitsumfangs, wie auch in der Preisbildung recht straff unter staatlichen Einfluß gestellt hat, ist vollends ein so weitgehender Eingriff allem Anschein nach vermieden worden. Selbst Lloyd George hat offenbar Scheu, das Unternehmerhafte der Betriebsleitung auch da auszuschalten, wo eine starke Beweglichkeit für die Steigerung des Produktions-Erfolges unentbehrlich ist.

Eine Hilfsquelle aber, wie sie für England in Amerika stets zur Verfügung steht, haben wir nirgends. Bei uns kommt alles darauf an, daß wir aus den eigenen Produktions-Möglichkeiten herausholen, was sich irgend herausholen läßt. Wir können es uns daher nicht leisten, die Gewinn-Aussicht irgendwo ins Schemahafte zu stellen. Der Weg, den England — aber auch nur vereinzelt — betreten hat, ist uns verschlossen, soweit wir ihn nicht im Frieden schon vor England gegangen sind. Uns bleibt kein anderes Mittel, als die Gewinn-Aussichten in der Preisfestsetzung offen zu lassen.

Im Wesen solchen Gewinns liegt es aber, daß er sich nicht fest berechnen läßt. Man kann natürlich zu den Betriebskosten, die sich innerhalb erträglicher Fehlergrenzen wirklich beziffern lassen, einen prozentualen Zuschlag nehmen, der dann die Gewinnmöglichkeit zu enthalten hat. Man muß sich aber klar sein, daß dieser Zuschlag, der auch die Generalunkosten — also wirkliche Produktionskosten — und den Kapitalzins, ebenfalls wirkliche Produktionskosten, mit zu fassen hat, erst recht etwas ganz Willkürliches ist. Das vielgebrauchte Wort vom „angemessenen" Gewinn ist nun einmal ein Widerspruch in sich selbst. Und kann es einen solchen Gewinn überhaupt nicht geben, so kann er natürlich noch viel weniger berechnet werden.

Die verantwortlichen Leiter unserer kriegswirtschaftlichen Behörden gleichen darin selbst dem Unternehmertum, daß sie schon in der Anerkennung der errechneten Produktionskosten stark ihrem Gefühl folgen müssen, und daß sie vollends bei der Bewilligung der Zuschläge sogar nur nach Gefühl vorgehen können. Mag die Kalkulations-Technik auch noch erhebliche Fortschritte erzielen und die Grenzen der gefühlsmäßigen Willkür hinausrücken — im Kriege ist schon das nicht eben wahrscheinlich, da nur allerbeste Kräfte dazu geeignet sind und es sich am allerwenigsten um technische, in beträchtlich stärkerem Maße um kaufmännische und auch um volkswirtschaftliche Aufgaben handelt — ein starker Rest von ziffermäßig nicht gedeckter Verantwortlichkeit, von rein persönlichem Entschluß bleibt immer noch übrig.

4*

IV.

Preisabbau und Gewinnhöhe.

20. Mit der Betonung des Gefühls ist zugestanden, daß man im Einzelfalle sehr zweifelhaft sein kann, ob mit der Preisfestsetzung jeweils das Angemessene getroffen worden ist oder nicht. Der einzig objektive Maßstab, den man hat, sagt nur über die Richtigkeit der allgemeinen Richtung, aber nicht über die Richtigkeit der einzelnen Preisfestsetzung etwas aus: ob es nämlich gelungen ist, die Produktion zu steigern oder nicht. Und selbst dieser Maßstab ist nicht ganz einwandfrei, was namentlich auch bei Vergleichen mit England nicht vergessen werden sollte. Denn wer will denn entscheiden, ob nicht vielleicht bei ganz anderer Preisfestsetzung die Produktion sich noch stärker hätte steigern lassen? Ein schlüssiger Beweis, daß so und nicht anders gehandelt werden durfte, ist nach keiner Seite hin zu führen.

Infolgedessen kann recht wohl die Frage aufgeworfen werden, ob nicht — trotz aller Berücksichtigung der Produktions-Interessen — bei uns in Deutschland an einen Abbau der gewaltig gestiegenen Preise gedacht werden kann. Im allgemeinen dürfte aber diese Frage zu verneinen sein. Wir müssen vielmehr auch noch für den Rest des Krieges und in die Friedenszeit hinein mit so beträchtlichen Steigerungen der Produktionskosten rechnen, daß auch die Preise noch weiter hinaufzuschrauben sind.

In den Geldverhältnissen steht uns aller Voraussicht nach sobald keine Änderung bevor. Unser Reich wird weiter den gewaltigen Krieg mit Hilfe des Reichsbankkredits zu finanzieren haben, und es werden weiter Zahlungsmittel in Gestalt von Banknoten, Darlehnskassenscheinen und Giroguthaben in die Bevölkerung hineingepumpt werden, ohne daß der alsbaldige Rücklauf gesichert werden kann. Die Ausnutzung der stehenden Anlagen wird weiter unter Rohstoff- und Betriebsstoff-Knappheit, unter Arbeitermangel und unter Transport-Schwierigkeiten leiden. Die Löhne werden sich schwerlich auf dem jetzigen Stand festhalten oder gar ermäßigen lassen, zumal bei den Lebensmitteln dank ihren steigenden Produktionskosten wohl auch mit weitersteigenden Preisen zu rechnen ist. Wo soll da die Tür zu allgemeinen Preisermäßigungen wohl sich öffnen?

Das schließt natürlich nicht aus, daß hier und da preismindernd eingegriffen wird oder wenigstens die jetzigen Preise längere Zeit auf dem erreichten Stand festgehalten werden. So wird auch in Zukunft darauf Rücksicht zu nehmen sein, daß manche Anlage, die nur für Kriegszwecke errichtet worden ist, dank der langen Dauer des Krieges vor dessen Beendigung zur vollen Abschreibung kommt, und daß daher in die künftigen Produktionskosten keine Tilgungsbeträge mehr einzurechnen sind. Auch die Hebung der deutschen Valuta, die sich mit der Anbahnung des Friedens alsbald eingestellt hat, kommt wenigstens bei Einfuhrgütern als preismindernd in Betracht. Man wird vor allem auch die tatsächlichen Gewinne, soweit man sie überhaupt erfassen kann, daraufhin immer wieder einer neuen Beurteilung unterwerfen, ob sie nicht außer allem Verhältnis zu den Gewinnen der Vergangenheit und zu denen anderer Gewerbezweige stehen, und wird dann nach dem Ergebnis dieser immer neuen Prüfung Preiserhöhungen verweigern, vielleicht sogar Preisermäßigungen durchdrücken müssen.

Bei der Beurteilung der Gewinne ist jedoch Vorsicht angebracht. Nimmt man nämlich, wie es in der Öffentlichkeit vielfach geschieht, einfach die Dividende als ihren Maßstab, so darf nicht außer acht gelassen werden, daß die absolute Höhe des Prozentsatzes, welcher als Dividende verteilt wird, für das Erträgnis des einzelnen Werks und auch für den Vergleich der Werke untereinander nicht viel besagt. Der Prozentsatz wird natürlich auf das Nominalkapital bezogen. Tatsächlich wird der Gewinn aber, wenn man ihn überhaupt auf das Kapital beziehen will, von den gesamten, in dem betreffenden Unternehmen steckenden Kapitalien erwirtschaftet; d. h.: zu dem nominellen Aktienkapital sind die Reserven und Rückstellungen — offene und verdeckte — hinzuzunehmen, und da kommt dann oft ein wesentlich geringerer Gewinnsatz heraus, als die Dividende ausdrückt. Diese Kapitalien, die formell an der Gewinnverteilung nicht teilnehmen, pflegen aber im Kurs der Aktien sehr wohl zur Wirkung zu gelangen. Und wenn schon dem Staate nicht etwa die Pflicht auferlegt werden kann, den Aktionären einen gewissen Kursstand zu garantieren, so darf doch nicht außer Betracht bleiben, daß bei jeder Neuausgabe von Aktien die Höhe der Reserven und die Gewinnaussicht den Ausgabekurs zu bestimmen pflegt, und daß daher ein großer Teil der Reserven aus tatsächlichen Einzahlungen der Aktionäre stammt. Infolgedessen darf man allenfalls — aber immer unter Beobachtung der Kapitalbewegung — die Entwicklung der Dividende beim einzelnen Werk, nicht aber die absolute Dividendenhöhe verschiedener Werke dem Urteil zugrunde legen.

Sogar in dieser Begrenzung ist aber die Betonung der Dividende bedenklich. Gerade die bestgeleiteten und gewinnreichsten Unternehmungen pflegen ja an ihre Aktionäre vom Gewinn nicht mehr auszuschütten, als unbedingt notwendig ist, um nicht allzu heftigen Widerspruch hervorzurufen. So viel wie irgendmöglich wird durch den „modernen" Unternehmer immer wieder vom Gewinn in das Werk hineingesteckt. Es muß also zur Erfassung des wirklichen Gewinns auch die Höhe der Abschreibungen, Rückstellungen und sonstigen Reservestellungen herangezogen werden. Aber hierbei ist dann wieder zu berücksichtigen, daß von Unternehmung zu Unternehmung und von Gewerbezweig zu Gewerbezweig in der Tat recht erhebliche Verschiedenheiten notwendig obwalten; und nur der Betrag, der über das wirklich notwendige Maß hinaus zu Abschreibungen und Reservestellungen benutzt wird, kann dem Gewinn zugeschlagen werden. Die Beurteilung dessen, was notwendig ist, setzt wiederum eingehende Kenntnis aller Verhältnisse voraus. Jetzt im Kriege sind dabei auch die Unsicherheiten der kommenden Friedenszeit in recht großem Umfang als eigentliche Kostenbestandteile einzusetzen, von der Gewinnberechnung also abzuziehen.

Jeder Erfassung entziehen sich vollends die geheimen Reservestellungen, die schon vor Abschluß der Bilanz auf Betriebskostenrechnung verbucht werden. Wie schon einmal erwähnt, kann man bei gut arbeitenden Unternehmungen geradezu die Behauptung aufstellen, daß die Höhe der Abschreibungen und Reserven nach der Dividende bestimmt wird, die man verteilen will, nicht etwa umgekehrt, und daß jeder Unternehmungsleiter das Bestreben hat, durch Schaffung stiller Reserven für seine Arbeit und sein Disponieren eine möglichst breite, auch dem Bankeneinfluß entzogene Unterlage sich zu schaffen. Das schöne Wort eines unserer führenden Unternehmer, des verstorbenen Generaldirektors Wiegand vom Norddeutschen Lloyd: „Der Lloyd ist dazu da, Schiffahrt zu treiben, und nicht Dividende zu verdienen," hat in Deutschland um so mehr Anwendung gefunden, je fester die einzelnen Betriebe in den Sattel sich setzten.

Wohin immer man blickt — überall zeigt sich also, daß nicht nur feste Berechnungsunterlagen für die Bemessung der Preise notwendig fehlen, daß auch ein brauchbarer Maßstab für die Angemessenheit der tatsächlichen Festsetzungen nirgends gegeben ist. Hier zeigt sich deutlich, daß die Führung des Wirtschaftslebens auch im Kriege kein einfach technisches Problem ist. Wer da eingreifen will, muß vielmehr ein feines Gefühl für die Lebensbedingungen der verschiedenen Gewerbezweige besitzen.

„Gefühl ist alles"

dieses Faust-Wort gilt für die Leiter unseres Wirtschaftslebens wie im Frieden, so auch im Kriege.

Kolibri 360 GmbH
Ferdinand-Jühlke-Straße 7
99095 Erfurt, Deutschland
produktsicherheit@kolibri360.de